JN409058

햇살 가득한 날

양 승 자 시집

시 와 사 람

국립중앙도서관 출판시도서목록(CIP)

햇살 가득한 날 : 양승자 시집 / 지은이: 양승자. -- 광주 :
시와사람, 2018
p. ; cm. -- (오늘의 시와사람 ; 090)

ISBN 978-89-5665-511-6 03810 : ₩10000

한국 현대시[韓國現代詩]

811.7-KDC6
895.715-DDC23 CIP2018004376

햇살 가득한 날

■ 시인의 말

서툴고 부족한 내 생의 흔적을, 내 마음의 표현을, 떨리는 마음으로 세상에 내어놓습니다.

이 시집은 6년여 동안 습작으로 쓰여진 시 200여편 중에서 엄선한 것으로 박사학위 취득 및 조선대학교 30년 근무를 기념하여 출판하게 되었습니다.

박사학위와 이번 시집은 그토록 자식교육에 힘쓰셨던 천상에 계신 부모님의 소망이었습니다. 이렇듯 소망이 이루어진 것은 물심양면으로 아낌없는 사랑을 배풀어준 언니와 동생들, 그리고 사랑하는 남편과 딸들, 그동안 가르치심을 주셨던 조선대학교 독일어과 및 보완대체의학과 교수님들의 힘이었습니다. 이 자리를 빌어 감사드립니다. 또한 지난 시절 꿋꿋하게 견뎌낼 수 있도록 함께 해 주신 조선대학교 교직원들께도 심심한 감사의 말씀을 드립니다. 그리고 이 책을 읽는 독자들이 이 시집을 통해 정신적인 휴식과 치유가 되었으면 합니다.

더불어 생명의 존귀함과 하나님의 창조질서, 부모님에 대한 사랑을 다시 한 번 생각해보는 기회가 되었으면 합니다.

저의 졸작에 생명의 기운을 불어넣어주신 강경호 시인께도 감사의 말씀을 드립니다.

2018년 새아침에

양승자

차례

봄빛 2

3 햇살 가득한 날

마르지 않는 샘 4

5 외로운 날

1

어머니 생각

어머니 생각

일년 중 가장 추운 날
어머니는 아궁이에 장작불 피워
아랫목을 뎁히고
동치미에 찐고구마를 내놓으셨다

오늘은 유난히 추운 날
어린 시절의 추억이 생각나고
엄마가 그립다

세월은 덧없어
어머니는 땅속에서
흙내음 맡고 계시는데
일년 중 가장 추운 날
나는 어머니를 그리워한다.

생명의 불꽃

아무것도 할 수 없는
무기력한 한 생명이
시들어가고 있습니다

생각은 있지만 힘이 없어
말을 할 수 없습니다

한 생명의 불꽃이
꺼져가고 있습니다
존귀한 생명 앞에 우리는
너무나 무기력한 존재입니다

누가 생명의 숨결을 불어넣을 수 있을까요?

생명이 소중한 것은
꺼지면 다시는 돌아오지 않기 때문이지요.

어머니

문득 불러 보고 싶은 이름
내가 자라 엄마가 되면서
어머니의 수고와 노력이
새록새록 생각납니다

시골에서 태어나 나뭇짐 나르고
김 뜯어 자식들 잘 키워보자고
힘겹게 살다 가신 우리 어머니
돌아가신 날도 손님 접대하느라
울음 한 번 울지 못했습니다

이제는 맘 놓고 어머니를 생각하며
실컷 울어보고 싶습니다

따뜻하고 평안한 집에 계신가요
아는 분이 묘지기로 가셨다는데
안부를 묻고 싶습니다

잘 돌보아 주시라고
부탁해 놓겠습니다

사랑한다는 표현도 못했는데
오늘은 사랑한다고 고백하고
싶습니다.

생명이 다하는 날까지

한 생명이 다하는 날까지
겸허한 마음으로 바라보겠습니다.

한 생명이 다하는 날까지
인내하는 마음으로 기다리겠습니다

한 생명이 다하는 날까지
애통하는 마음으로 기도하겠습니다

한 생명이 다하는 날까지
사랑하는 마음으로 지키겠습니다

한 생명이 다하는 순간까지
평안한 안식으로 인도하겠습니다

서로 마음을 나누었고
눈빛을 교환했던
영혼을 지닌 존재이기 때문입니다.

아버지의 말씀

사랑하는 자녀들아
너희 일곱을 낳아서
많은 사랑을 주지 못해 미안하다

너희 엄마 돌아가시고
마음이 너무 허전했는데
주저리주저리 너희들 한테
다정하게 말이라도 할걸 그랬구나

아버지라는 이름은
아무말이나 함부로 하지 못하고
침묵해야만 하는 아픔이 있더구나

살면서 입이 열어지지 않는
힘든 상황이 있듯이
아버지도 살아가면서
그런 일들이 있었단다

너희 엄마는 고생만 하고 돌아가셔서
못내 마음이 아팠다

백년은 거뜬히 살 것 같았는데
말 한 마디 못하고 떠나고 보니
인생이 허무하구나

이렇게 허망한 것을
아둥바둥 살았구나.

사랑하는 자녀들아
늘 내가 말했듯이
내가 이 세상에 없더라도
형제간에 우애하고 건강관리 잘 하고
행복하게 살아라

때로는 힘들기는 했지만
그래도 너희들이 있어서 행복했다

항상 잘 되라고 꾸지람만 했던 게
후회가 되는구나
칭찬도 많이 해줄 것을

너희들도 힘들텐데

항상 용돈도 많이 챙겨 주고
잊지 않고 효도하는
자랑스런 자녀들이 되어 주어 고맙다.

너희들 덕분에
사람들한테 기죽지 않고
잘 살다 간다

자녀들을 교육 잘 시켜서
대대손손 이 세상에서 쓰임받는 큰 인물로 키워다오
이제는 작별의 시간이 되었구나
사랑하는 아들들아 고맙다
사랑하는 딸들아 고맙다.

존재의 의미

당신이 이 세상에 존재하는
의미가 무엇인지 알 것 같습니다

당신이 곁에 있는 것만으로도
나에게는 큰 위안이 되었습니다

당신을 볼 수 있는 것만으로도
나는 늘 평안한 삶을 살 수 있었고
행복을 꿈꿀 수 있었습니다

당신과 함께 함으로서
거친 풍파를 이길 수 있었고
세찬 비바람도 무찌를 수 있었습니다.

당신이 이 세상에 존재하지 않음은
생각할 수도 없습니다

당신의 생명을 조금이라도
연장하고 싶은 간절한 소망을 가져봅니다

그 간절한 소망마저 사라진다면

나는 절망의 나락으로 떨어지고
암흑을 걷는 듯한 불안과
공포 속으로 빠져들고 말 것입니다

하늘에 계신 하나님이시여
나의 간절한 소원을 들으시어
내가 이 세상에 살아가는 동안
내게 주어진 단 하나의 카드만 사용할 수 있다면
내 육신의 아버지를 살리는데 써 주옵소서

그리하여 생명이 소생하는 날
우리 가족이 축제의 날을 맞이할 수 있는
축복을 허락하소서.

간난 아빠

아빠는 눈도 못뜨는
갓 태어난 아이

발가락 하나의 작은 움직임에도
손가락 하나의 작은 움직임에도
자식들에게 감동을 준다

태어난 지 19일
하품도 하고
기지개도 켜고
살도 오르고
숨도 잘 쉬고
마지막으로
눈만 뜨면 좋을텐데

눈을 떠서 옛날처럼
큰소리 듣고 싶다

엄격해서
또 한 소리 들을 것 같아서
가까이 가지 못했는데

이제 눈뜨고 말하면
옛날처럼 꾸중이라도 듣고 싶다

같이 여행도 못다녔는데
함께 여행도 다니고
맛있는 것도 함께 먹고
조금이라도 함께 살고 싶다

사랑하는 아이야
빨리 커서 눈도 뜨고
말도 하고
힘들고 지치게 살아왔던
이야기도 하면서
껄껄껄 웃어보자꾸나
사랑하는 아이야.

흐르는 눈물

삶이 힘들고 지쳐
눈물이 말라버린 줄 알았는데
죽음 앞에 놓인 아버지의 모습을 생각하니
하염없이 눈물이 흐르네

어서 눈 맞춤이라도 해봤으면
어서 속시원히 말이라도 해봤으면
온가족 같이 모여
도란도란 이야기라도 해봤으면

일상의 소소한 것들이
나에게는
큰 소망이 되어 버렸네

언젠가 형체마저 없어질 아버지를 생각하니
흐르는 눈물을 감출 수가 없네.

대학생 딸

최선을 다해
꿈꾸던 대학에 입학한 딸
돈 때문에 가고 싶은
대학에 못 간다고
소리치던 내 딸

어느덧 대학생이 되어서
낯선 서울 낯선 사람들과
잘 어우러지며 성숙하고 있다

처음에는 긴장되고 힘들겠지만
모든 것은 시간이 해결해 줄 것
하루가 48시간이 될 수 없듯이
세월의 흐름에서 익숙해지며
지나가겠지

모든 것은 한 걸음 한 걸음
가야겠지.

추석

아이들은 새옷과 새신발을
기다린다

어른들은 장만하기 위해
시장을 다녀오며
분주하다

그런데 이번 추석은
마음 한켠이 허전하고
끝없는 슬픔이 엄습한다

병상의 아버지를 바라보니
마음이 아파오고 측은해지며
옛날 추석이 그리워진다

아버지는
자전거 타고 남광주시장에 가서
나물이며 생선을 사가지고 와
손질하곤 하셨다
아버지를 중심으로
온가족이 함께 모였다

올해는 왠지 집안이 썰렁하고
허전한 마음이 들어
안타깝기만 하다

이번 추석 선물은
아버지의 건강한 모습을 받고 싶었는데
아버지는 잠든 아이처럼 병상에 누워
명절이 다가오는지도 모르신다.

태양이 없어질 것 같은 날

막내딸 세은이가
분주한 아침 시간인데도
버스 타러 가면서 문자를 넣었다
나갈 때 우산 잘 챙겨 가란다

비가 오고 태양이 없어질 것 같이
깜깜하단다

어린 딸이 엄마한테 보내는
짧은 문자이지만
나는 마음속에 감동이
가득 찬다

조그만 아이가 벌써 자라서
엄마를 걱정해 주고 생각해 주는 것이
기특하기만 하다.

'태양이 없어질 것 같은 날'이라는
문구가 가슴에 새겨진다
시인 같은 특별한 언어구사다

시인 같은 딸에게
시 노트를 선물해야겠다
넓고 깊은 생각들을 맘껏 펼치라고.

우리는 한 식구

함께 음식을 나누고
함께 밤을 지새우고
함께 여행하고
함께 허물없이 이야기 할 수 있는
편하고 따스한
우리는 한 식구입니다

희노애락을 함께 하고
서로 돕고
모든 것을 나눌 수 있는
참 좋은 식구입니다

행복을 나누고
사랑을 나누고
마음속에 있는 것들을
아낌없이 나눌 수 있는
참 좋은 식구입니다

식구가 되어
풍요로운 삶을 살아갈 수
있습니다.

우리는 서로의 따뜻한 체온을
느낄 수 있어
무척 행복합니다.

나에게 힘을 주는 사람

나를 숨막히게 하는
그대의 싱그러운 미소는
힘을 줍니다

그대의 천진난만한 표정은
삶의 소망을 발견하게 합니다

그대의 행복한 모습은 나를
행복하게 합니다

말없이 상대를 배려하고
이해하고 도와주는 모습은
천사조차 흠모하는 아름다운 모습입니다

일생 동안 그대가
아름다운 모습을
간직할 수 있기를 소망합니다

그것은
그대가 내 삶의
원천이기 때문입니다.

가족과 함께 하고 싶다

자유의 날개를 달고 태어나
하늘을 날고 싶은 꿈을 가지고
동서남북으로 날아보았지만
보이는 것도 잡히는 것도 없다.

이제 자유의 날개를 접고
지상에 안착하여
평화로운 대지위에서
안식을 찾고 싶다.

사랑하는 가족과 함께
오붓한 시간을 보내며
아름다운 추억을 만들고
뜨거운 미래를 향하여
비상하고 싶다.

가족

추석에 가족이 모였는데
몇몇은 오지 못했다

문명이 급속도로 발전되고
자꾸 변화되는 환경속에서
우리는 어떻게 살아야 하는가

혈연으로 이어진 가족
바쁘게 살아가면서
소중한 것들을 잃지는 않았는지
생각해본다

아이들과 함께 가족여행도
다녀온다
때론 함께 노래방에서
노래도 부른다

어디를 가든 같이 가고
떨어져 있을 땐
서로의 안부를 묻는다
그러다가 명절이 되면

함께 모여 음식을 먹는 것이
가족이라는 생각이 드는 요즘이다.

소중한 가족

가정을 지키기 위해 노력했지만
왠지 허전함과 상실감이
나를 슬프게 하네.
그래도 생각해보면
함께 가야한다는 것이
나에게는 무게로 다가오네.

사랑하는 진솔아
힘들다 투덜대지 않고, 큰딸이라고
의젓하게 잘 자라 줘서 고맙다.

사랑하는 세령아
스스로 앞길을 잘 헤쳐나가고
지혜롭게 성실하게 잘 자라줘서 고맙고
항상 의지하고 싶은 마음이 있어
든든해서 좋다.

사랑하는 세은아
막내라서 귀엽고 힘이 세서 든든하고
엄마 마음 잘 읽어주고 힘들 때 위로해주고
도와줘서 고맙고 사랑한다.

사랑할까 말까 늘 고민하게 하는
세상에 하나밖에 없는 내편
항상 내가 손해본 것 같은 느낌
앞으로는 이익 본 것 같은 느낌이 들게 해주면
행복할 것 같은데,

기도도 잘하고 하나님과 함께라면
외롭지도 않을 것 같고
나 혼자 살아도 외롭지 않을 것 같은데
나중에 바뀔지도 모르지만
그래도 가족이 있어서 좋다.

2

봄빛

봄빛

당신의 빛은
온유하고 따뜻합니다

그 빛이
조용히 다가옵니다

당신이 따뜻하여
봄이 왔습니다

그 빛으로 인하여
우리의 삶이
꽃이 되었습니다

겨울에도 마음이 따스하여
새싹 트고 꽃 피는 봄입니다.

봄이 오는 길

꽃향기 그윽한 날
꽃들의 기지개소리를
들었습니다

꽃잎 흐드러지게 피는 날
우리들의 이야기 꽃도
맘껏 피웠습니다

넉넉한 그대의 품에서
봄에 꽃이 피듯
얼어 붙은 내 마음에
꽃이 절정을 이루었습니다

삶의 꽃길이
되었습니다

함께한 시간이
벚꽃처럼 순결하게
개나리꽃처럼 밝게
행복의 꽃으로 피어났습니다.

봄

몸에 온기가 스며듭니다
눈에 꽃향기가 스며듭니다

봄기운이
피로했던 몸과 마음을
깨끗이 씻어줍니다

봄기운은
생명의 힘입니다

햇살에 세례받은
연초록의 신록들이
유치원생처럼
저요저요 손을 듭니다.

작은 들꽃

가진 것이
작다고 투덜댔습니다.

어느날 길가는 행인이
들꽃 앞에 걸음을 멈추고
물끄러미 쳐다보았습니다

작은 몸매 작은 꽃망울에
반한 듯 싶었습니다

어떤 것이든
소중하지 않는 것이 없습니다

아주 작지만
아름다운 자태를 가지고 있어
들꽃에게 흠뻑 빠지고 말았습니다

이제 투덜대지 않기로 했습니다.

아침햇살

찬란한 빛이
내게로 온다

맑고 힘찬 빛이
자고 있는 세포들을 부른다

이윽고 내 몸의 세포가
기지개를 편다

아침 햇살과 함께
내 몸의 세포가 여행을 떠난다

온몸의 세포가
아침햇살과 함께
웃는다.

노랑빛

나즈막한 언덕에
꽃이 피었네

가녀린 노랑빛을 가진
아주 작고 부드러운
몸짓의 꽃

바람이 불자
고개를 돌려 나를 바라보네

눈이 마주치자
나에게 미소 지으며
사랑한다고 말하네
너무 달콤한 순간이었네

한없이 행복했네.

바람의 손길

바람의 손길이
살갗을 스칩니다
얼마나 황홀하게
내게 다가왔던지
그 순간을 잊을 수 없습니다

내 마음을 어루만집니다
짜릿한 전류가 흐르는 손길이
내 영혼을 치유합니다
이 세상에서 가장 따스하고
부드러운 손길입니다.

자연의 소리

산새들이 노래한다
수풀속에서

매미들이 노래한다
깊은 산속에서

개구리가 노래한다
넓은 들녘에서

일상을 노래한다
정감을 나누면서

마음으로 노래한다
혼을 담은 사람의 목소리로

삶을 치유한다
서로 교감을 느끼면서

임 그리워

계곡에 두고 온
임 그리워
다시 계곡을 찾았네

그 임은
사람이 그리워
얼마나 애태우며
기다리고 있을까?

임아 임아
못 잊을 임아
계곡에 홀로 남아
누굴 생각하고 있을까?

다시 찾아올 임을
생각하고 잠못 이루며
지내고 있을까?

그 임의 마음 잊을 수 없어
내 마음에 못내
사무치네.

달빛소리

오늘은 달빛소리 들으며
밤을 연주하고 싶습니다

은하수를 바라보며
밤을 연주하고 싶습니다

달을 바라보며
밤을 연주하고 싶습니다

별을 바라보며
밤을 연주하고 싶습니다

밤은 우리에게 평안한
안식과 휴식을 줍니다

밤은 우리의 모든 허물을
덮어주고 위로를 줍니다

아름다운 밤을 연주하고
싶습니다.

가을을 담다

가을을
마음에 담아봐요

천지가 울긋불긋
아름답게 물들어
마음을 행복하게 어루만져 주네요.

항아리 같은 마음에
풍요로움이 차곡차곡
행복하게 담겨져요

값없이 주어진 아름다움을 만끽하며
삶을 충전하고 치유해봐요
자연이 너무 사랑스러워요.

잠자리와 함께

청명한 가을날
푸른 하늘이 펼쳐진
야외음악당에서
잠자리는 춤을 추고
나는 하모니카를 불었습니다
우리들의 합주는
참으로 황홀했습니다

따사로운 햇살의 조명을 받으며
곡식과 열매가 영글어가는 들녘을 배경으로
가을축제가 벌어졌습니다

잠자리 떼 하늘하늘 창공을 날으며
파란잔디와 하늘을 무대삼아 펼쳐진
아름다운 연주회를 상상해 보셨나요

세마포처럼 순결하고 순수한
날갯짓하는 잠자리 떼와
섬세하고 감미로운 하모니카 합주는
하모니의 절정이었습니다.

눈부신 햇살

휴일 아침
창문에 쏟아지는
따스한 햇살 맞으며
조용히 눈을 뜬다

살며시 다가와
온몸에 햇살이 세례를 퍼붓고
얼굴을 어루만지며
하루를 연다

눈부신 햇살
무척 아름답다
찬란히 빛나고 있다

저만치서
미소지어 주며
속삭인다
사랑한다고

겨울비 내리는 날

겨울비가 내립니다
온 세상이 얼어버렸습니다

내 마음도 얼음처럼
시려옵니다

누군가 곁에 다가와
따뜻한 말 한 마디 건네주면
좋겠습니다

따뜻한 밥 한 그릇 먹으며
따뜻한 차 한 잔 마시며
도란도란 이야기 나누면
마음이 뜨거워지겠습니다.

꽃봉오리 같은

그대 마음속 피울음
한송이의 아름다운 꽃을 피우기 위해
여태까지 가슴에 담고 있는가

처절한 몸부림속에서도
터트리지 못하고
좀더 아름답게 피워내기 위한
몸부림이지 않는가

천년을 하루 같은 일상속에서도
무엇인가를 피우기 위해
피멍이 들었지 않는가

아 아 그대의 모습은
어찌 그리 아름다운가

그 많은 고통과 인내를 참고 견디며
꽃봉오리를 닮고 있지 않는가

그 소중한 것을 지킬줄 아는
아름다운 사람이지 않는가.

어느 봄날에

꿈결 같은 봄날
그대와 함께하니
내 마음 설레었네

상상속에
그대의 모습을 그리며
잠시 눈 감았네

아름답고 순결한
그대의 모습
한층 돋보였네

무척 행복해서
무어라 표현할 길이 없는
안절부절하는 내 마음
감출길이 없었네.

첫눈이 온다구요

첫 눈이 드리워지는 날
문득 당신의 모습이 보입니다

나는 당신의 모습에
사로잡혀 당신 그림자를
찾아갑니다

가녀린 모습은
늘 미소 띤 얼굴로
나에게 다가왔습니다

커다란 눈망울은
삶의 순수함과 진지함을 주는
샘 같았습니다

내 마음을 사로잡기에
충분히 매혹적이었습니다

눈처럼 희고 아름다운 당신
눈처럼 사라질지 몰라
안절부절 못하지만

지금도 나는 당신을 생각하면
가슴이 두근거립니다.

3

햇살 가득한 날

햇살 가득한 날

따사로운 햇살이 비치는 날
만남을 약속하였습니다

그 날을 위하여
축제를 준비하는 마음으로
하루 하루를 기다립니다

그날을 위하여
특별한 프로그램을 마련하렵니다

둘만을 위한 시낭송
둘만을 위한 작은 음악회
우리 둘만을 위한
축배를 들겠습니다

그날을 위하여
오늘도 아름답게 살아가렵니다.

그대의 미소

그대에게는
내 마음을 사로잡는
잔잔한 미소가 있다네.

가끔씩 떠오르는
그대의 영상이
나를 행복하게 하고
함께 하고 싶은 생각이 든다네.

어느날 문득
우리가 함께 했던
추억을 생각하며
내 마음속에 그대의 모습이
따사로운 햇살처럼
비춰질 것이라 생각하네.

다시 만날 때까지
그대의 미소를 간직하고 싶네.

행복한 나들이

오랜만에 남편과
차에 자전거를 싣고 승촌보로 향했다.
송촌보에 차를 주차하고
자전거를 타고 죽산보까지 갔다.
영산나루 식당에서
식사도 하고 차도 마시며
이런 저런 이야기하며
둘만의 여유로운 시간을 가졌다.
큰돈을 들이지는 않았지만
우리는 새로운 추억을 만들었다.
그래서 마음속에
아름다운 행복이 깃들었다.
행복은 참 좋은 에너지를 발산한다.
좋은 에너지를 가지고
힘찬 하루의 시동을 건다.

동행

함께하고 싶은
마음을 모았습니다

함께 있어도 늘
채워지지 않는
허전함을 보았습니다

그 마음은
보석이 되어
빛이 났습니다

참 행복하고
기분 좋은 동행이었습니다.

고백

오늘은 바람 타고 눈이
흩날립니다

눈보라가 닥쳐와도
온기가 느껴집니다

당신과 함께 있어서
따뜻합니다

당신을 몹시
좋아하는가 봅니다.

그리운 얼굴

눈을 감으면
네 모습이
내 마음에 들어온다

나를 바라보며 웃어주던
미소 띤 얼굴이
내 마음을 환하게 만든다

너의 마음은 보석처럼
환하게 빛나고 있겠지

그 빛이 내 마음에 전해져
밝아지도록
서로 바라보며 늘 웃어주자
그리운 나의 사람아.

두근두근

당신이 나에게
떠나있는 시간이 너무 길어
다시 돌아와 있어도
또 떠나갈 당신을 생각하니
가슴이 두근거립니다.

이럴 때는 어떻게 해야 하나요?
내 곁에 가까이 와서
속삭여 주세요
다시는 떠나지 않겠다고
그럴 수는 없나요?

달콤한 당신의 속삭임이
내 영혼을 교란시켜
당신이 없는 시간을
이제는 상상할 수 없습니다

내 마음을
하루 속히 진정시켜주세요
영원히 떠나지 않겠다고
속삭여주세요.

먼 훗날

먼 훗날 제주의 빛이
그립겠지요

아직도 내 어릴 적 친구는
제주에 있는데
푸른 바다 내음을 잊을 수 있겠어요
노란 감귤빛을 잊을 수 있겠어요.

바보

당신은 참 편안한 사람입니다
다른 사람을 빛내기 위해
뒷그림자가 되어줍니다
자신을 다른 사람 뒤에 숨기고
드러내지 않습니다

다른 사람을 배려하고
다른 사람의 뜻을 이해해주고
바라봐주고 칭찬해주며
모든 것을 내어줍니다

당신은 많은 장점을 가지고 있습니다
그리하여 아주 값진 것을 얻게 됩니다
평강공주와 바보온달처럼 말입니다
그러므로 당신의 이름은 바보입니다.

내 안에 있는 그대

그대가 내 안에 있으므로
나는 외롭지 않네.

그대가 내 안에 숨쉬므로
나는 편안하네.

그대가 내 안에 함께하므로
어떤 고난도 극복할 수 있네

그대가 나와 함께 생각하므로
아름다운 시를 쓸 수 있네.

그대와 함께 나는
아름답게 살아 갈 수 있네.

당신

당신이라는 말은
다정다감하고 친근함의 표현으로
따뜻한 마음을 품게 합니다

어느날 문득
당신이라고 부르는 말에서
감미로움을 느꼈습니다

당신은 늘 나와 함께 호흡하고
같은 공간에 있는 시간이
가장 많은 특별한 사람입니다

당신은 내가 가지고 있는 것과
나의 노력과 나의 마음을
가장 많이 준 소중한 사람입니다

나의 모든 것을 저축해 놓은
저축상자이어서
더욱 귀한 존재입니다

내가 사랑하는 당신

그래서 부르는 이름, 당신이라는 말
참으로 좋습니다.

설레임

어느날
하나님을 찬양하기로
마음 먹었나이다

수금과 비파로 주님을 찬양하며
詩로 입술로 주님을 찬양하며
온 몸과 온 마음으로
주님을 찬양하기로
결단하였나이다

내 영혼이
어떤 언어로 주님을 찬양하게 될지
참으로 궁금하고 설레나이다

부디 내 영혼을 흔들어
차고 넘치게
주님을 찬양하게 하소서.

참 좋다

하고 싶은 것만 하고
살아 갈 수 있으니
참 좋다

시를 쓰고 시를 낭송하고
음악을 듣고 음악을 연주하고
춤을 추고 노래하고
이웃을 위하여 기도하고
하나님을 찬양하고 있으니
참 좋다

하나님의 따뜻한 품안에서
풍족하게 살아갈 수 있으니
편안하고 행복하다
참 좋다.

십자가의 길

십자가를 질 수 있나
주가 물어 보실 때

너무 힘이 들어 질 수 없습니다.
죽을 것 같습니다.
방법이 없습니다.
어떻게 십자가를 질 수 있을까요
지혜를 주시면
십자가를 지겠습니다라고 말하려다가

나는 지금까지
대답하지 못하고 있습니다.

내 안의 예수

나는 나로 존재하는 게 아니라
내 안의 예수가 존재함이라
나의 모습으로
예수의 모습이 나타남이라
참으로 힘든 일이지만
날마다 날마다 나를 쳐죽여
나의 나됨으로 사는 게 아니라
내 안의 예수됨으로 살리라
날마다 나를 죽입니다.

찬양하리라

이제야 당신을 찾았으므로
헛되고 헛된 생각을 버리고
오직 당신만을 찬양하리라

당신을 어떻게
높이어 드릴 수 있는지
찬양할 수 있는지
생각하리라

당신을 찬양함이
행복함으로 알고 살리라
기쁨으로 알고 살리라
오직 당신만을 찬양하며
살리라.

4

마르지 않는 샘

마르지 않는 샘

사람들이 모여드는
샘이 하나 있습니다
오랜 세월이 지나도 마르지 않는
맑은 물이 흐르는 샘입니다

목마름에 지친 사람들은
물을 마시며 새로운 꿈을 꾸고
몸과 마음을 치유합니다

물은 사람들을
행복하게 하고
즐겁게 해줍니다

그 샘은 치유의 에너지를
솟아내는 신비로운 샘입니다.

기적 같은 희망

어쩌다가
벼랑끝이었다
숨가쁘게 달려가 서있는
절벽이었다

어떻게 해야 하나
한 발짝만 더 가면
천길 만길 암흑 속으로
추락하고 마는데

도저히 포기할 수 없는 삶

지푸라기 같은 희망의 끈을
붙들고 있었다

기적이 일어났다
다시, 움직일 수 있는
다시, 살아갈 수 있는 힘이 생겼다.

존재의 의미를 알게 해 준 사람

나를 가장 아끼고 사랑해주는
단 한 사람이 있었습니다
힘들고 지쳐있을 때
위로해주고 따뜻한 말로
용기를 불어 넣어 준 사람은

살아야 할 의미를
느끼게 해 주었습니다

아무것도 바라지 않았습니다
내가 존재하는 것만으로도
행복했습니다

나를 부둥켜 안고 팔짝팔짝 뛰었습니다
그래서 내 존재의 의미를
값지게 했습니다

그런 까닭에 살아가야 하는
이유를 알게 되었습니다.

젊은이에게

그대와 함께하고 싶은데
동행해 주겠나

나 이제 나이 들어
모든 것이 약해지고 부족해
감각도 둔해졌는데
그대는 내가 불편하고 귀찮은가
인생 다 살았다고
자포자기 해 버릴까봐
나 그대에게 한 가지라도 배워가며
젊은 날의 추억을 생각하며
살아가고 싶네

그대처럼 생긋생긋 웃으며
내 이야기를 진지하게 귀담아 주는
젊은이라면 나는
그지없이 좋겠네.

내 영혼의 날개

깊고 푸른 호수 같은
해맑은 가을하늘에
잠자리가 떼를 지어
하늘을 날으네
가녀린 날개로
사뿐사뿐 날고 있네

내 영혼도 잠자리 날개를 달고
창공을 날고 있네
내 영혼은 아름다운 상상을 하네
즐거운 상상을 하네
행복한 꿈을 꾸네

따사로운 가을 햇살
평화로운 축제
나는 하모니카를 연주하네
아름다운 시와 선율이 어우러진
풍요로운 영혼의 불꽃 축제
내 영혼이 알밤처럼
토실토실 영글어 가고 있네.

행복한 삶을 노래하라

오늘도 하루를 선물 받았다
어떻게 사용할까
무엇으로 장식할까
많은 꿈들이 샘솟는다

시시때때로 변하는 나의 감정을
무엇에다 집중시킬까

현재 내가 원하는 것을 찾아
가장 행복한 것을 찾으리

그래서 행복을 노래하리
의미있는 나의 삶을 노래하리
아름답게 만들어 가리라.

예술

나의 마음을 흔드는
당신은 예술입니다

몸짓 하나 눈짓 하나
목소리까지도 예술입니다

눈빛과 손끝에서
예술의 혼을 느낄 수 있습니다

당신의 혼이 예술을 만듭니다
나의 가슴을 벅차게 하고
마음을 감동시킵니다

예술의 힘은
삶의 용기를 주고 희망을 안겨줍니다
꿈을 꾸게 하고 상처를 치유합니다

당신은 참 아름다운
예술입니다.

뇌물과 사람의 마음

적절한 뇌물은 사람의 마음을
가장 강력하고 깔끔하게
움직일 수 있는
힘을 지기도 한다

뇌물이 서로 오고가는 사이에
우정도 사랑도 싹이 튼다

이처럼 정신을 빠르게 움직일 수 있는
강력한 힘을 가지고 있는 것이
물질이다

그러나 보이지 않는 정신세계를
대변해주고 움직일 수 있는 것이
부끄러운 뇌물이다

사람 마음을 움직일 수 있는
가장 강력한 힘은
오직 따스한 마음 뿐이다.

매미소리

당신의 웃음이
귓가에 들려옵니다

히로뽕을 맞은 것처럼
가슴이 두근거립니다
아직 진정되지 않아
이리저리 왔다갔다 합니다

하루종일 들리던 소리 멈췄지만
저녁이 되어도 환청처럼 들리고
눈앞에 아른거립니다.
그 천진난만한 모습
무척이나 행복했고
소중한 시간이었습니다

사람들은 울음이라고 말하지만
나는 웃음이라고 합니다
바르르 떠는 모습에
아직도 가슴이 두근대고
마음이 설레입니다
나도 당신처럼 웃고 싶습니다.

눈 오는 밤

눈이 내립니다
하나 둘씩 흩날립니다
우리는 아름다운 밤을
만들어가고 있습니다

음악으로 소통하며
음악으로 느끼며
추운 겨울밤을 따뜻한
밤으로 만들어가고 있습니다

우리들만의 시간입니다
우리들만의 축제입니다

서로의 마음을 나누고
서로의 안부를 묻습니다
맛있는 음식도 함께 나눕니다

눈처럼 깨끗하고 아름다운
하얀 밤을 만들고 있습니다
세상 살아가는 일이
눈 오는 날 같으면
마음이 아득해지겠지요.

비밀

아픈 비밀이 없는 사람은
행복한 사람입니다

얼마나 처절하고 힘들었기에
남에게 보여줄 수 없어
간직하고 있을까요

그 아픔을 내보이면
모습이 더 작아 보이고
초라해 보여서
용기가 나지 않습니다

보여지면 보여질수록
더 아파오고
더 슬퍼집니다

이제는 더 이상 아프고
슬퍼하지 않고 싶습니다
그래서 비밀로 묻어 두고 싶습니다

아프면 아픈 대로

슬프면 슬픈 대로
살아가렵니다.

정결한 모습

당신의 정결한 모습에서
존경심이 우러납니다

아무말 하지 않고
바라만 보고 있어도
교훈이 담겨 있습니다

세상이 알아주지도 않는
그 귀하고 값진 것을 지키기
위해 얼마나 힘겨운 노력을
하셨을까요

참으로 당신은 자랑스러운
우리가 본받아야 할
그 정결한 모습

앞으로 평생 사는 날 동안
그 모습 잃지 않기를
간절하게 소망합니다.

가을에

쌀쌀한 느낌이 들어
낙엽은 떨어지고
여기저기 국화축제가 열리는
풍요로운 가을 중반

우리 마음에는
빈 가슴에 스며드는
스산한 가을바람을 느끼며
허전한 마음을 달래봅니다

이럴 때
서로에게 다정한 말 한 마디
따뜻한 눈빛으로 바라보고 위로하며
서로의 온기를 나눠보면
몸과 마음에 훈훈한 열기가 돕니다.

일상의 탈출

날마다 같은 공간속에
어제와 같은
변함없는 틀속에서
무의식적으로 살아가는
지겨운 삶

가끔은 일상을 떠나
아름다운 언어창조
새로운 사람과의 만남
새로운 곳으로의 여행
새로운 체험
일상의 탈출을 시도하여
아름답고 낯선 인생을
살아가야 하리.

낯선거리

매일 다니던 길이
수백 번 수천 번
걸어 다녔던 길이
어느 날
너무나 낯설게 느껴졌다

목표를 향하여
잠시도 쉴 수 없었던 영혼

지치고
피곤해
쉬고싶다

이 막막한 외로움을
앙상한 가지만 부둥켜안고 있는
가로수와
연민의 정을 느끼며
함께하고 싶다.

생각의 끈

어떤 생각의 실마리를 잡으면
끈을 놓을 수가 없습니다

시가 탄생하고
또 탄생합니다

참으로 신기합니다.
어떻게 이렇게 많은
언어들을 담고 살아왔는지
도무지 이해가 되지 않습니다

생각의 대형 창고가
있는 듯 합니다

썩지 않는
상상의 창고에서
생각의 끈을 타고 내려옵니다.

5

외로운 날

외로운 날

세상에 혼자라는 생각이 든 날

가족이 짐처럼 무거워지고
모든 것이 허무하게 느껴져
온 몸의 진액이 다 빠져 버릴 것 같은 날

세상에 존재하기 위해
무엇인가를 해야만 하지만
무기력해진

온몸에 싸늘한 찬 기운이 감도는 날은
슬프도록 쓸쓸하고 처연해
처절하게 외로운 날이니.

지천명의 나이에

큰 소리 치며 태어나
무엇인가를 꿈꿀 때
이상과 현실의 차이 속에서
현실에 안주하고 싶지 않았다

멋있는 이상을 좇아
숨 가쁘게 살아온 나날들
결혼하고 아이를 낳아 기르며
현실을 헤치며 살아가는
내 모습은 힘겹고 뻔한 코스였다

그 속에서도 이상속의 아름다운
현실이 있을 것 같아 끝없이
따라다녔다.

하늘의 뜻을 안다는 지천명의 나이가 되어도
잡히지 않는 꿈을 찾아 헤매이고 있는
자신을 돌아보니
온몸에 힘없는 전율이 느껴진다.

시계

시계는 늘 한 치의 오차도 없이
같은 보폭으로 걸어간다

우리가 불평불만을 하던지
큰소리로 화내며 소리를 지르던지
지루한 표정을 하던지
슬픈표정을 하던지
기쁜표정을 하던지
전혀 흔들림 없이
우리를 지켜보고 있다

이렇듯 시간은 멈추지 않고
우리는 점점 늙어가고
늘 우리 곁에 있을 것 같은
시간 밖으로 흘러가도
시간은 멈추지 않고
새로운 생명을 잉태시킨다.

저녁노을

나뭇잎 사이로 저녁노을이
보입니다

힘없이 점점 사라져가는
노을을 바라보며
내 안의 모든 욕망을
내려놓습니다

점점 어둠이 다가옵니다.
나도 모르게 어둠속으로
빠져듭니다

무엇인가를
붙잡고 싶은 욕망도
생겨납니다
그러나 잡을 수 있는 게
아무 것도 없습니다

어둠과 함께
새로움을 만들어 가야겠습니다.

욕망을 비우다

욕심을 내려놓고 바라보니
모든 것이 아름답다

가을 바람에 떨어져 뒹구는
낙엽이 아름답다.

사소한 일상을 감사함으로
바라볼 수 있어 참 좋다

따스한 햇볕의
포근함을 느낄 수 있어 좋다

형형색색의 머리카락을 하고
지나가는 행인들도 아름답다

올 가을엔 내 마음도
철이 드나보다

무심했던
사소한 일상이 무척이나 좋다.

내 마음의 그릇

올 가을엔
사랑을 할 수 있을 것 같아

마음 속 찌꺼기들을 비우고 나니
모든 것이 아름답게만 보이고
마음이 가볍다

무거웠던 미움과 시기 질투
무엇을 담아야 되는 게 아니라
비우는 작업이 필요해

나쁜 것을 비우니
좋은 것을 담을 수 있어

내 마음의 그릇이
비어 있으니
좋은 것만 담아야겠다.

정상

누구나 오르고 싶어하는 곳
끝까지 포기하지 않는 자만이
쟁취할 수 있는 높은 곳

비바람이 불어올지라도
오르고자 하는 꿈을 가지고 있는 자는
정상에 오를 수 있다

서로가 손을 놓지 않고
끌어주고 밀어주고
사람들의 마음이 모아져
마침내 꿈을 이룰 수 있다

정상에서 아래를 바라보면
산 아래 도시가 시시해 보이지만
여럿이서 손잡아 준 따뜻한 힘을 생각하고
뜨거운 마음을 담아
행복을 꿈꿔야 한다
그리고 천천히 또 천천히
정상을 내려오는 법도 알아야 한다.

쓴 뿌리

마음속에 쓴 뿌리가 있네
잘라내고 베어버려도
조금씩 조금씩 자라나
쓴물이 나오네

단물만 낼 수 있으면 좋으련만
쓴뿌리가 여전히 남아
쓴물이 나오네

힘쓰고 애써 쓴뿌리를
없애려하지 않고
부족한 나는
부끄러운 모습으로
쓴뿌리를 가지고 있네.

내 마음의 우물

내 마음속에 우물이 있다네
슬프면 슬픔을 퍼내고
기쁘면 기쁨을 퍼내는
힘들면 아픔을 퍼내는
마르지 않는 우물이 있다네

죽을 것 같이 목마를 때
시원한 생수가 있는 우물
한 모금 두 모금 마시고 나면
지친 몸에 생기를 불어넣는 기운

힘이 들 때마다 우물을 찾았네
그때마다 해맑은 미소로
나를 반겼네

내 안에는
퍼내도 퍼내도 마르지 않는
풍요롭고 은혜로운
우물이 하나 있다네.

영원

시간이 흘러가네
강물처럼
우리의 의지와 상관없이
시간이 사라지고 있네
우리도 언젠가는 시간과 함께
사라질 것이지만

시간속에
아름답고 의미있는
우리의 흔적을 남기고 싶네
그것이 영원이라네

이 순간이 지나고 나면
또 다른 시간이 오겠지만
우리가 함께한 추억은
이 세상 어딘가에 남아있을 것이네.

만남

세상엔
수많은 만남이 있습니다

서로 다른 환경과
서로 다른 생활속에서
서로 다른 생각을 가지고
서로 다르게 살아갑니다

서로 다름으로
아파하고 힘들어 했는데
다르다는 것을
이해하고 인정함으로
마음이 편안해졌습니다

서로 어우러져
서로가 서로에게 마음을 주고
필요한 것들을 나누며
행복을 느끼며 살면
가치있는 만남이 될 것입니다.

순리

시냇물은 언제나
낮은 곳을 향해
제 길을 간다

날카로운 돌부리에
상처나고 갈라져도
흩어지지 않고 강에서 만나
하나가 된다

마침내 평등의 바다에 이르러
수많은 생명의 양수가 된다

우리는 그 시냇가에 집을 짓고
오순도순 살아간다.

하모니

사람이 산다는 것은 무엇일까
서로 어우러져
힘들 때 어깨동무하고
넋두리 하고
작은 것이라도
나눠먹고 싶은 생각이 드는
그런 어우러짐의 조화일까

각자의 위치에서
역할극을 하는 연극인처럼
오케스트라 단원들처럼
자신의 소리를 잘 내어
아름다운 조화와 화음을
이끌어내어 작품을 만들어내는
그런 이상적인 만남

그런 세상을 이루기 위해
오늘도 함께 모여
가진 것을 나눠주고
할 수 있는 것을 해주는 조화로운 사람

그래서 서로 행복해하며
껄껄껄 웃을 수 있는
하루 하루가 되었으면
참 좋겠다.

외로움

얼마나 더 외로워야
인생을 완성할 수 있을까
어차피 인생은 미완성 인 것을

무엇을 위하여 외로워야 하는가

인생은 더불어 살아야 한다고 하지만
무엇인가를 이루기 위해서는
혼자만의 고독한 시간을
갖지 않으면 목표를 이룰 수 없는 것

자기만의 외로운 길을
쓸쓸하게 즐기면서 살아 가야만이
조금이라도
완성의 길에
도달하지 않을까.

아름다운 동행

당신과 동행함이
어찌 그리 아름다운지요

당신과 동행하면
마음이 편안해지고
수다쟁이가 되어요

당신과 동행하면
꿈이 부풀어 올라
마음을 주체할 수가 없어요

당신과 동행하면
미래가 보여요
당신과 동행하면
뭐든지 할 수 있을 것 같은
자신감이 생겨요

당신과 동행하면
행복을 꿈꿀 수 있어요.

뒤돌아보며

소스라치게 힘겹던 세월
어떻게 살아왔을까

부족한 모습
완전할 수 없는
부끄러운 모습

미완성인 채로
붙들고 있는 것들을
조용히 내려놓고
편안하게 남은 생을
마감하고 싶다
주어진 운명에 순응하면서

그러나 단 한 가지,
언젠가 지상에서 사라질지라도
내가 뱉은 아름다운 말들
내가 실천한 보람된 선행들
우주 어딘가에 빛으로 남아있으리.

|해설|

존재방식의 탐구와 사랑의 노래

-양승자 시집 『햇살 가득한 날』을 중심으로

강 경 호
(시인, 문학평론가)

서정시란 인간의 감정을 시적 형식을 통해 표현하는 문학양식이다. 서정이라는 의미가 '가장 순수한 감정', 또는 '정제된 감정'인 것처럼 서정시는 인간의 심층에 있는 따스하고 아름다운 감정을 형상화한 것이다. 그러므로 서정시는 시인이 만나는 세계의 온갖 그늘과 모순, 부조리한 것을 절제되고 아름다운 감정으로 극복하게 하는 힘이 있다. 결국 서정시는 모순된 세계와의 싸움보다도, 실은 시인 내면에 존재하는 자아와의 투쟁이라고 볼 수 있다. 물론 시인이 살아가고 있는 현실과 맞닥뜨리면서 체험한 일상의 문제들을 시인이 그것들을 여과시킨 과정에서 낳은 결과물이 서정시인 것이다. 이러한 관점에서 양승자 시인의 시편들은 확실하게 서정시가 지닌 덕목들을 실천하고 있다고 하겠다.

양승자 시인의 첫 시집 『햇살 가득한 날』은 200여 편이 넘는 시편 중에서 엄선한 것들로 시인의 생각과 삶의 방식 등이 엿보인다.

그의 작품들은 크게 세 가지 경향으로 분류할 수 있는데, 첫째 가족애를 그린 것이다. 아버지, 어머니, 딸에 대한 애틋한 마음으로 바라보는 시선이 따스하다. 그리고 '가족'이 무엇인지를 탐구하는 작품들에서는 가족해체가 염려되는 시대를 맞아 가족이라는 관계가 어떤 것인지를 살피고 있다.

둘째, 사랑하는 사람에 대한 넓고 깊은 사랑의 감정에서 시인의 순수한 감정이 아름답게 다가온다.

셋째, 기독신앙에 대한 관심을 드러낸 시편들에서는 절대자의 사랑에 깊이 감응하며, 한없는 믿음과 순종하는 모습을 보여준다.

그리고 마지막으로 자연의 모습과 시인의 일상에서 발견하는 존재방식에 대한 깨달음, 행복, 슬픔, 고통 등의 감정들과 만나며 삶에 대한 사색을 보여주는 시편들로 구성되어 있다.

먼저 제1부의 가족애를 보여주는 시편들을 살펴본다. 가족애를 노래한 시편들 중 가장 많은 작품은 아버지와 관련된 것들이다. 아버지가 병환이 들어 병상에 누워 생사의 갈림길에서 헤매고 있을 때 시인은 병이 낫기를 간절하게 소망하기도 하며, 그동안 몰랐던 아버지의 삶에 대해 모색하며 아버지라는 존재에 대해 새롭게 인식하는 계기가 되기도 한다.

더불어 인간 존재의 의미를 다시금 탐구하기도 하고 생명에 대한 인식 또한 새롭게 모색하기도 한다.

한 생명이 다하는 날까지

겸허한 마음으로 바라보겠습니다.

한 생명이 다하는 날까지
인내하는 마음으로 기다리겠습니다

한 생명이 다하는 날까지
애통하는 마음으로 기도하겠습니다

한 생명이 다하는 날까지
사랑하는 마음으로 지키겠습니다

한 생명이 다하는 순간까지
평안한 안식으로 인도하겠습니다

서로 마음을 나누었고
눈빛을 교환했던
영혼을 지닌 존재이기 때문입니다.

-「생명이 다하는 날까지」 전문

이 작품은 형식이 아주 단조롭다. "한 생명이 다하는 날까지"가 반복되며 "~겠습니다"의 후렴구 또한 반복되는 형식이어서 음악성이 강하게 느껴진다. 그리고 1~5연까지 모두 2연으로 되어 있어 리듬을 살리는데 효과적인 작용을 하고 있다.

"한 생명이 다하는 날까지" '겸허', '인내', '애통', '사랑', '안식'의 대상은 '사람'을 의미하는 것으로 보인다. 마지막 연에서 "서로 마음을 나누었고/눈빛을 교환했던/영혼을 지닌 존재"는 '사람'뿐이기 때문이다.

생명의 가치가 존중되어야 하지만 세상은 늘 생명을 함부로 경시하고 물질적 탐욕에 어두운 시대에 이 작품이 의미하는 가치는 높이 평가되어야 할 것이다.

이 작품은 텍스트 그대로를 읽게 되면 생명성 앙양이 주제가 되지만 필자의 짐작으로는 병상에 누워 죽음을 기다리는 아버지를 바라보며 쓴 것이라고 생각된다. 자신에게 생명의 고리를 이어준 아버지를 통해 혈육의 정을 넘어 생명성을 강조하고 있다.

병상에 누워있는 아버지를 바라보는 시인의 연민은 애틋하고 따스하다. 그리고 때로는 안타까워 아프기도 한다.

「간난 아빠」에서는 "발가락 하나의 작은 움직임에도/손가락 하나의 작은 움직임에도/자식들에게 감동을 준다"고 한다. 병환이 깊어 "눈도 못뜨는/갓 태어난 아이" 같은데, 발가락과 손가락의 움직임에 '이제는 살 수 있겠구나'하는 안도감과 희망을 꿈꿀 수 있기에 마치 다시 살아나는 생명의 기쁨, 환희를 느끼는 화자의 심정이 눈에 선하게 보인다.

양승자 시인의 이번 시집에서 어머니와 관련된 시편은 「어머니 생각」, 「어머니」 등 2편이다. 아버지 시편이 5편인 것에 비해 적은 편이지만 아버지 시편이 병환에 든 아버지에 대한 연민이 주된 정서라면, 어머니 시편은 돌아가신 어머니 생각과 더불어 화자의 유년의 기억을 불러오게 하거나 시인이 같은 여성으로서의 이해를 보여주고 있어 추억을 통해 순수한 동심의 세계와 페미니즘적 시각이 투사되어 있다.

일년 중 가장 추운 날
어머니는 아궁이에 장작불 피워
아랫목을 뎁히고
동치미에 찐고구마를 내놓으셨다

오늘은 유난히 추운 날
어린 시절의 추억이 생각나고
엄마가 그립다

세월은 덧없어
어머니는 땅속에서
흙내음 맡고 계시는데
일년 중 가장 추운 날
나는 어머니를 그리워한다.

-「어머니 생각」 전문

"오늘은 유난히 추운 날"이다. 그런 까닭에 "일년 중 가장 추운 날" 화자는 생전의 어머니를 떠올린다. '추위'를 매개로 하여 정서적 사건이 개입되어 있다. "어머니는 아궁이에 장작불 피워/아랫목을 뎁히고/동치미에 찐고구마를 내놓으셨다" 유년의 추위는 오랜 세월이 흐른 후에 어머니와 관련된 추운 날의 정서적 사건을 환기시키며 어머니가 그리웁게 한다.

이제 어머니는 이승을 떠나 "땅속에서/흙내음 맡고 계"신다. 다시 어머니를 만날 수는 없지만 아궁이에 장작불을 지펴 자식들의 따스한 겨울날을 지키고 동치미와 찐고구마를 주셨던 추억을 되새겨주고 있으니, 이 작품의 중심 생각은

"오늘은 유난히 추운 날"이 아닐 수 없다.

「어머니 생각」이 아름다운 추억을 환기시키고 있는 것에 반해, 「어머니」에서는 화자가 자식을 낳고 키우는 어머니가 되어 같은 여성으로서의 어머니를 이해하고 그리워한다. 우리가 기억하고 있듯이 우리 어머니 세대들은 온갖 고생을 다하며 여성이기에 희생을 강요당하며 가족의 안녕을 책임지었다. "시골에서 태어나 나뭇짐 나르고/김 뜯어 자식들 잘 키워보자고/힘겹게 일생을 살다 가신 우리 어머니"는 "따뜻하고 평안한 집"이 아니라 언제나 온 몸으로 바람을 맞고 살아왔다.

화자는 어린 시절에는 어머니라는 존재에 대해 깊이 이해하지 못했지만, 자신이 어머니가 되고 보니, 희생당한 어머니의 일생이 보이고 어머니를 이해하게 된다. 그래서 저 세상에서의 안부를 물으며 "사랑한다"고 늦은 고백을 하고 있다.

아버지와 어머니를 그리워하는 시편들과 더불어 어린 시절의 막내 딸이 학교 가면서 스마트폰 문자를 통해 "비가 오고 태양이 없어질 것 같이/깜깜하"다고 "나갈 때 우산 잘 챙겨 가"라는 메시지에 엄마를 걱정해주는 어린 것이 기특하다는 감정을 읽어내기도 한다.

양승자 시인의 시편 곳곳에서는 가족에 대한 생각이 아주 많이 나타난다. 그 중에서 「가족」에서는 "추석에 가족이 몇몇이 모였는데/몇몇은 오지 못했다"며 자본문명시대를 살고 있는 현대인들의 유목민적인 삶으로 인해 함께하지 못하는 것에 대해 안타까워한다. 같이 밥을 먹고, 함께 노래방에서 노래 부르고, 서로 안부를 묻는 것이 '가족'이라고 생각하는 화자의 모습이 아주 인상적이다. '가족'이란 무슨 거창한 주제가 아니라 아주 평범한 일상 속에서 때로는 부대끼면서도 마침내는 서로 사랑하는 존재라는 시인의 인식에 공감이 간다.

예로부터 연시(戀詩)는 수많은 시인들에 의해 불려졌다. 그것은 사랑하는 사람에 대한 연모의 정을 바탕으로 하여 자신의 마음을 전하려 했기 때문이다. 그러므로 연시는 가장 먼저 시가 되었고, 서정시의 기본이 되었다. 그런 까닭에 때로는 뜨겁고 때로는 기쁨과 슬픔이 교차되는 감정을 지니면서도 무엇보다도 순수하다. 연시의 상대는 본래 이성이지만, 때로는 '조국'일 수도 있고, 친한 벗일 수도 있다. 그러나 대부분의 연시는 이성적으로 사랑하는 사람을 대상으로 쓰는 시이다. 양승자 시인의 연시들에서도 '남편'이 주된 시적 대상이지만, 때로는 친한 벗이나 '순수'를 나타내는 어떤 존재로 나타나기도 한다.

함께하고 싶은
마음을 모았습니다

함께 있어도 늘
채워지지 않는
허전함을 보았습니다

그 마음은
보석이 되어

빛이 났습니다

참 행복하고
기분 좋은 동행이었습니다.

-「동행」 전문

사랑하는 마음은 언제나 "함께하고 싶은/마음"이다. 그래서 함께 하지만 "채워지지 않는/허전함"이 있다고 고백한다. 이러한 마음은 사랑하는 마음이 넘치기 때문이다. 함께 한다는 것보다 사랑하는 마음은 더 충족시킬 수는 없다. 그런데도 마음이 허전한 것은 더욱 사랑하는 마음으로 충만하고자 하기 때문이다. 그러므로 "그 마음은/보석이 되어/빛이" 나는 것이다. 여기에서 보석이 상징하는 것은 가장 충만하고 빛나는 사랑을 의미한다. 결과적으로 사랑은 언제나 충만한 상황을 말하면서도 허전한 상황을 말하는 모순된 모습이다. 어쩌면 이러한 모순은 사랑을 욕망하는 순간까지 끊이지 않을 것인지도 모른다. 결국 함께 있다는 것은 행복하고 기분 좋은 일이다.

살펴본 「동행」처럼 사랑을 함께 하고 싶은 욕망'이라고 볼 때 「내 안에 있는 그대」 역시 같은 의미로 해석이 가능한 작품이다. "그대가 내 안에 있으므로/나는 외롭지 않"다고 화자는 고백하고 있다. 함께 하는 방식은 화자가 그대를 마음 속으로 생각함으로써 가능하다. 그러기 때문에 "내 안에 숨쉬"고, "나와 함께 생각"할 수 있는데, 그러므로 "나는 외롭지 않"고, "나는 편안하고", "아름다운 시를 쓸 수 있"고, "아름답게 살아갈 수 있"다고 노래한다.

다음은 사랑하는 사람의 구체적인 대상인 '남편'과의 행복한 나들이를 통해 사랑하는 방식을 보여준다.

오랜만에 남편과
차에 자전거를 싣고 승촌보로 향했다.
송촌보에 차를 주차하고
자전거를 타고 죽산보까지 갔다.
영산나루 식당에서
식사도 하고 차도 마시며
이런 저런 이야기하며
둘만의 여유로운 시간을 가졌다.
큰돈을 들이지는 않았지만
우리는 새로운 추억을 만들었다.
그래서 마음속에
아름다운 행복이 깃들었다.
행복은 참 좋은 에너지를 발산한다.
좋은 에너지를 가지고
힘찬 하루의 시동을 건다.

-「행복한 나들이」 전문

시인은 "오랜만에 남편과/차에 자전거를 싣고 승촌보로 향했다." 그리고 승촌보에서 부부는 "자전거를 타고 죽산보까지 갔다." 이 작품은 특별한 서정성을 드러내지 않고 마치 일기 쓰듯이 남편과 같이 한 일정을 그대로 기술하고 있을 뿐이다. 그러나 시적행간에 감춰진 감정들을 짐작해 볼 수 있다. 부부의 자전거 하이킹은 물론 "영산나루 식당에서/식사도 하고 차도 마시며/이런 저런 이야기하며/둘만의 여유로운 시간을 가졌다." 생각해 보면 사랑은 무슨 대단한 것이 아니라 이렇듯 소소한 것에서 행복을 느끼고 추억을 만들어 가는 것이 아닐까.

이밖에 사랑을 노래한 시편들로는 「두근두근」, 「그리운 얼굴」, 「고백」, 「그대의 미소」, 「당신」, 「햇살 가득한 날」 등이 있다.

이 작품들은 모두 사랑하는 사람을 그리워하기도 하고 생각하기도 한다. 이러한 과정에서 느껴지는 사랑의 감정들을 담담하게 고백하는 형식을 취하고 있다.

양승자 시인의 이번 시집에서는 존재방식에 관한 모색을 보여주는 시편들이 가장 많다. 이것은 시인이 자신의 삶을 어떻게 이끌어 갈 것인가에 대해 깊이 생각하고 있으며 가장 큰 관심사임을 말해준다.

나뭇잎 사이로 저녁노을이
보입니다

힘없이 점점 사라져가는
노을을 바라보며
내 안의 모든 욕망을
내려놓습니다

점점 어둠이 다가옵니다.
나도 모르게 어둠속으로
빠져듭니다

무엇인가를

붙잡고 싶은 욕망도
생겨납니다
그러나 잡을 수 있는 게
아무 것도 없습니다

어둠과 함께
새로움을 만들어 가야겠습니다.

-「저녁노을」 전문

화자는 "저녁노을"을 바라보고 있다. 주지하다시피 '저녁노을'은 하루를 마무리함을 의미한다. 종일 지상을 비추던 해가 사라지는 시간이므로 '소멸'을 상징한다. 화자는 저녁노을을 바라보며 "모든 욕망을 /내려놓"는다. 저녁노을이 지고 나면 "점점 어둠이 다가"온다. 화자도 "어둠속으로/빠져"든다. 이때 화자는 또다시 "붙잡고 싶은 욕망"이 생겨난다. 이처럼 인간은 욕망을 버리기도 하지만, 또다시 그 마음을 잊고 탐욕스러워지는 것이 바람에 흔들리는 갈대와 같다. 그럼에도 화자는 끝내 "어둠과 함께/새로움을 만들어 가야겠"다고 다짐한다. 이 작품은 불완전한 인간의 모습을 그대로 보여주고 있다.

존재론적인 사색을 보여주는 양승자 시인의 작품들에는 '욕망'에 관한 탐구를 보여주는 시편들이 많다.「욕망을 비우다」에서는 "욕심을 내려놓고 바라보니/모든 것이 아름답다"는 깨달음을 보여주고, 「내 마음의 그릇」에서는 "마음 속 찌꺼기들을 비우고 나니/모든 것이 아름답게만 보이고/마음이 가볍다"며 '마음의 그릇에 좋은 것만 담겠다'는 다짐을 가진다. 그리고 「정상」에서는 정상에 오르고 싶은 욕망을 드러낸다. 그러면서 "비바람이 불어올지라도/오르고자 하는 꿈을 가지고 있는 자는/정상에 오를 수 있다"며 실천적인 방식의 성취감을 보여준다.

존재론적인 경향의 시편에서 「영원」은 양승자 시인이 추구하는 존재방식이 궁극적으로 어떤 것인지를 말해준다.

시간이 흘러가네
강물처럼
우리의 의지와 상관없이
시간이 사라지고 있네
우리도 언젠가는 시간과 함께
사라질 것이지만

시간속에
아름답고 의미있는
우리의 흔적을 남기고 싶네
그것이 영원이라네

이 순간이 지나고 나면
또 다른 시간이 오겠지만
우리가 함께한 추억은
이 세상 어딘가에 남아있을 것이네.

-「영원」 전문

사람은 유한한 생명을 지녔기에 언젠가는 죽고 만다. 그래서 죽음 이후의 세계에 대해 궁금해하며 종교생활을 하는 사람들이 많다. 이는 죽음이 두렵고, 영원한 생명을 얻고 싶어한다. 다시 말해 흐르는 시간을 인간의 힘으로는 멈출 수 없기 때문에 '흔적'을 통해 자신의 모습을 남기려 한다. 그것을 영원이라고 한다. 이때 남기고 싶은 흔적은 "아름답고 의미있는" 것이어야 한다. 그래야 "우리가 함께한 추억은/이 세상 어딘가에 남아있을 것이"라고 믿을 수 있다. 결과적으로 이 작품은 죄를 짓지 않고 인간답게 살아가는 것만이 육신의 죽음보다도 정신적인 생명성을 가질 수 있다고 생각하는 것이다. 그러므로 영원한 생명성을 누리고자 하는 것이 삶을 완성하는 것이라고 믿는 시인의 또다른 작품 「외로움」 역시 이와 같은 맥락에서 읽을 수 있다. 인간은 외로워야 삶을 완성할 수 있는지를 물으며, 그러나 인생은 어차피 미완성이라는 결론을 낸다. 여기에서 '외로움'은 자신의 인생은 자신만이 살아갈 수 없는 단독자 인간으로 태어난 슬픔이며, 그것만이 인간다움이라고 설파하고 있다. 즉 외로움을 통해 자신의 존재에 대해 깊이 사색할 수 있을 것이라고 믿는다. 그러므로 외로움은 삶을 견인하는 힘으로 작용한다. 「뒤돌아보며」에서는 "소스라치게 힘겹던 세월/어떻게 살아왔을까"라고 독백하며 화자는 자신의 삶을 힘겹게 뒤돌아본다. 화자가 소스라친 것은 자신의 모습이 아직도 부족하고 부끄러운 모습을 하고 있기 때문이다. 그러면서도 화자는 "내가 뱉은 아름다운 말들/내가 실천한 보람된 선행들/우주 어딘가에 남아있"을 것이라고 믿으며 삶이 미완성인 채로 끝날지라도 살아있는 동안 아름다운 말과 선행을 멈추지 않겠다는 다짐을 보여준다.

이번 시집에는 하나님을 믿는 양승자 시인의 내면을 보여주는 시편이 5편이 선보인다. 절대자 하나님에 대한 믿음을 말해주는 메시지들이 투사되어 있다.

다음은 양승자 시인의 삶의 방식을 극명하게 보여주는 다음 작품「내 안의 예수」를 살펴본다.

> 나는 나로 존재하는 게 아니라
> 내 안의 예수가 존재함이라
> 나의 모습으로
> 예수의 모습이 나타남이라
> 참으로 힘든 일이지만
> 날마다 날마다 나를 쳐죽여
> 나의 나됨으로 사는 게 아니라
> 내 안의 예수됨으로 살리라
> 날마다 나를 죽입니다.
>
> -「내 안의 예수」 전문

화자는 "나는 나로 존재하는 게 아니라/내 안의 예수가 존재함이라"고 고백하고 있다. 예수를 내 안에 간직하고 예수의 삶을 실천하고자 하는 시인의 소망이 내재해 있다. 그러나 그것은 쉬운 일이 아님을 화자는 잘 알고 있다. 그러므로 "날마다 날마다 나를 쳐죽여" 나의 모습을 지우고 예수를 닮고 싶어한다. 이러한 소망은 사람이면 모두가 같은 생각이어서 절대자나 성인들의 삶을 따르고자 할 것이다.

앞에서 살펴본 것처럼 양승자 시인은 시를 통해 인간다움을 회복하고 싶어한다. 이러한 욕망이 양승자 시인에게 시를 쓰게 한 것이라고 짐작해볼 수 있다.

양승자 시집
햇살 가득한 날

2018년 2월 10일 인쇄
2018년 2월 14일 발행

지은이 | 양 승 자
펴낸이 | 강 경 호
인쇄 · 기획 | 도서출판 시와사람
등 록 | 1994년 6월 10일 제 05-01-0155호
주 소 | 광주시 동구 양림로119번길 21-1(학동)
전 화 | (062)224-5319
팩 스 | (062)225-5319
E-mail | jcapoet@hanmail.net

ISBN 978-89-5665-511-6 03810

값 10,000원

* 잘못된 책은 바꾸어 드립니다.

공급처 ■ 한국출판협동조합
경기도 파주시 탄현면 오금로 30
주문전화 (02)716-5616, 070-7119-1740